CoNaSSoL
(Congreso Nacional de Seguridad y Software Libre)

I0472376

ISBN 978-1-365-93948-8
90000
9 781365 939488

© Salvador Pereyra Amavisca. All rights reserved
ISBN: 978-1-365-93948-8

INDICE

INTRODUCCION	4
OBJETIVO PRINCIPAL	5
NAVEGACION ANONIMA	6
Lista de software proxy	11
OCULTANDO NUESTRA MAC ADDRESS	14
ANALISIS FORENSE A LA MEMORIA RAM	17
Fases del cómputo forense	17
Adquisición	17
Preservación	17
Análisis	18
Documentación	18
Presentación	18
ANALISIS FORENSE A LA MEMORIA RAM	19
ANALISIS DE VULNERABILIDADES	26
Vulnerabilidades	26
Riesgo	27
Amenaza	27
VULNERABILIAD, RIEZGO Y AMENAZA	28
Vulnerabilidad	29
Riesgo	29
Amenaza	29
Términos Coloquiales	29
Términos Técnicos	29
ESCANEO DE PUERTOS	30
CLASIFICACIÓN DE VULNERABILIDADES	31
Exploits	31
HERRAMIENTAS DE ANALISIS DE VULNERABILIDADES	32
Nivel Infraestructura	32
Nivel Aplicación Web	32
NESSUS	33
LANZANDO EL PRIMER ESCANEO	40
EXPORTANDO EL INFORME	51

INTRODUCCIÓN

El Congreso Nacional de Seguridad y Software Libre se especializa en la realización de cursos, conferencias y talleres con temas de actualidad, con temas que están a la vanguardia, temas que tratan sobre Hacking ético, Seguridad de la información, redes, software libre, internet de las cosas entre otros temas.

Tomando en cuenta que la seguridad de la información es una de las principales necesidades actuales de los individuos y las empresas en México y el mundo, este congreso trata de reunir a investigadores y líderes en seguridad informática reconocidos a nivel mundial, con asistentes, entre los que se desea contar con: especialistas en seguridad informática, administradores de tecnología, directores de TIC, estudiantes de licenciatura y posgrados en informática, sistemas, seguridad de la información, personas interesadas en los temas más actuales en seguridad de la información de todo el país, de organizaciones y empresas de los sectores público, educativo, privado, financiero, etcétera. Todos, con el propósito de analizar y establecer el eje de trayectoria que la seguridad de la información y el software libre ha llevado hasta ahora.

De acuerdo a las tendencias e innovaciones de las nuevas tecnologías de la información, día a día se van dando a conocer cosas nuevas en lo que a la seguridad informática y software libre se refiere, así el desarrollo de dicho congreso es dar a conocer al estudiantado y al público en general esas nuevas tendencias mediante conferencias y talleres.

Objetivo Principal

Dar a conocer a los administradores de tecnología, directores de TIC, estudiantes de licenciatura y posgrados en informática, sistemas, seguridad de la información, personas interesadas en los temas más actuales en seguridad de la información y el software libre, de organizaciones y empresas de los sectores público, educativo, privado, financiero, etcétera. Todos, con el propósito de analizar y establecer el eje de trayectoria que la seguridad de la información ha llevado hasta ahora, las nuevas vanguardias y técnicas de seguridad informática en dispositivos móviles, equipos de cómputo; así como las diferentes técnicas de hackeo y la ética que esta conlleva.

"Aprender unos de otros y de compartir en la construcción de una mejor comunidad".

Los temas de los que se hablara en este libro, serán los temas expuestos en el CoNaSSoL 2017, todos serán explicados paso a paso para llevar acabo su realización y ser temas completamente reales. Se irán explicando paso a paso junto con ilustraciones para que se tenga un conocimiento más preciso de los resultandos, se pondrán algún pie de página indicando donde pueden obtener más información sobre los mismos temas.

Navegación Anónima (El arte de ocultarnos en la red)

Con el uso de internet la mayoría de la gente está más expuesta ante los delincuentes informáticos, información como la ubicación de donde nos conectamos, nombre, dirección, fotos, etc., de esta información lo que trataremos en este tema será la de poder ocultar nuestra ubicación, este método es conocido como spoofing u ocultamiento, con este método podemos hacer creer a algún atacante que estamos ubicados en otro lugar, ya sea ciudad, comunidad o país diferente.

¿Pero cómo es que internet sabe de dónde nos estamos conectando?

Muchas personas se hacen esta pregunta, de cómo puede ser posible que la gente sepa de donde nos conectamos, si uno está en una ciudad o país y otros están en otro país, como saber cuál es nuestra ubicación.

Todos los equipos de cómputo conectados a una red ya sea local o mundial, tienen un identificador o dirección IP (Internet Protocol), este es un número que identifica de manera lógica y jerárquica a una interfaz de un dispositivo que se encuentre dentro de una red que utilice dicho protocolo. Este protocolo corresponde al nivel de red o nivel 3 del modelo de referencia OSI.

Así como la interfaz que se utiliza para conectarnos que cuenta con una dirección IP, esta también cuenta con una dirección MAC única. Una dirección IP se representa mediante un número de 32bits (IPv4). Las direcciones IP se pueden expresar como números de notación decimal: se dividen los 32bits de la dirección en cuatro octetos. El valor decimal de cada octeto.

DIRECCION IP	**DIRECCION MAC**
192.168.1.133	AA-2F-AC-AA-CB-00

Una vez teniendo el conocimiento de que es y cómo está constituida una dirección IP, vamos a proceder a mostrar cómo podríamos ver en nuestra computadora que dirección IP tenemos asignada y como es que se nos asignó, ya que cuando nos conectamos a internet, debemos de hacerlo por medio de nuestro modem. En la siguiente imagen podremos ver como se conecta una pequeña red local a internet mediante un modem, esto nos servirá para el ejemplo práctico que se hará.

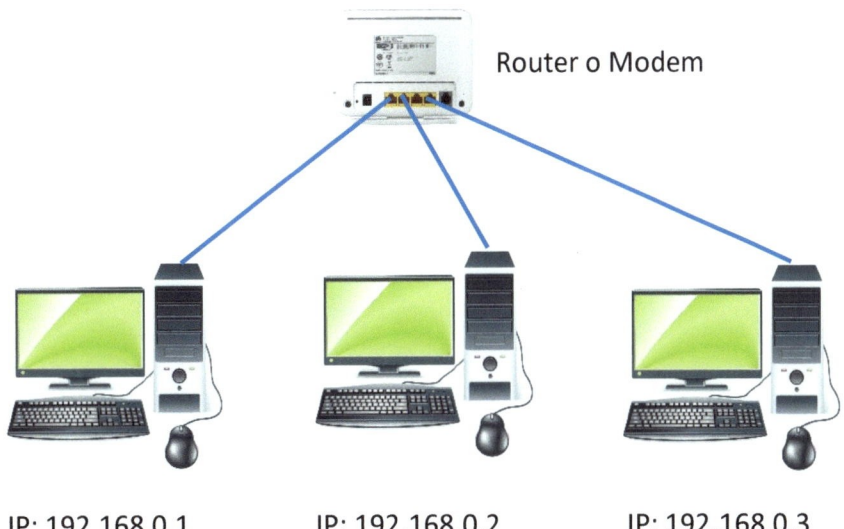

IP: 192.168.0.1   IP: 192.168.0.2   IP: 192.168.0.3

En el ejemplo anterior el router asigno una IP diferente a cada uno de los equipos conectados a la red, estas IP son IP internas ya que se encuentran dentro de la red local, el router se encarga de asignar una dirección IP diferente para cada uno de los dispositivos conectados en la red ya sean estos: computadoras, celulares, tabletas, etc. Todo aquel dispositivo que se conecte a una red WiFi o una red cableada, obtendrán una dirección IP interna la cual es asignada por medio del router, con esta dirección IP los dispositivos pueden comunicarse entre sí y de esta manera poder compartir archivos e impresora. Este a su vez puede estar conectado a la línea telefónica y así contar con una dirección IP externa para poder tener comunicación con internet, de esta manera todas las computadoras configuradas en la red podrán acceder al mismo tiempo a internet.

En el siguiente ejemplo se mostrara una red conectada con varios equipos, y estos a su vez conectados a internet por medio del router

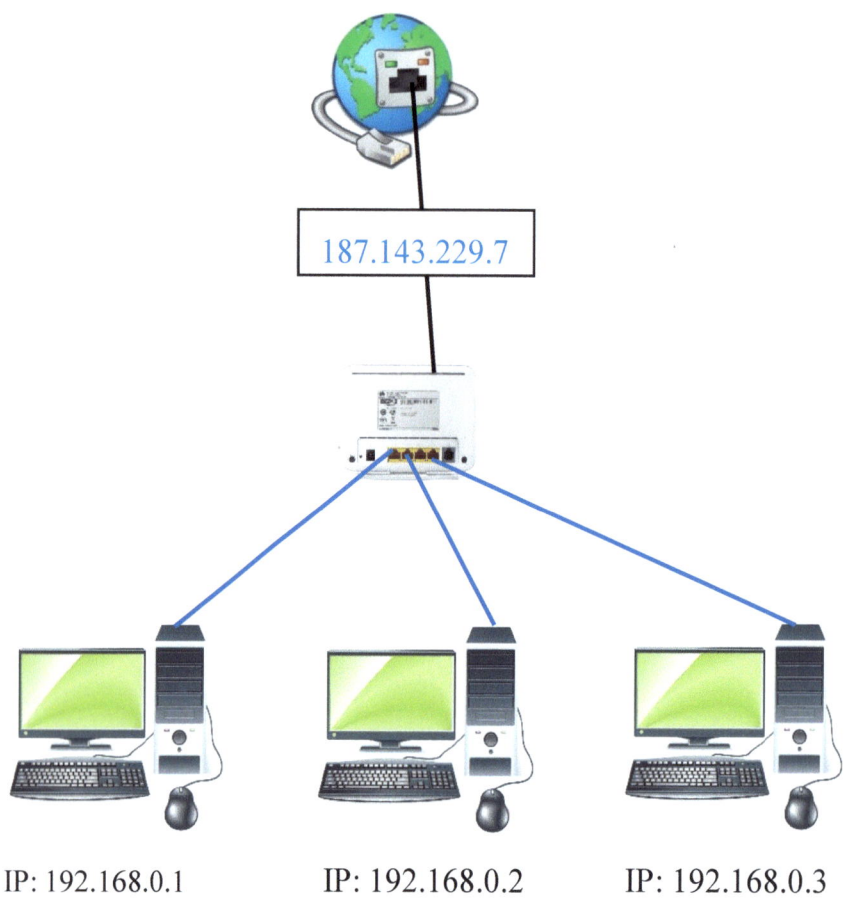

Como podemos ver en este ejemplo, el router ya cuenta con una dirección IP de internet, es diferente a las direcciones IP asignadas por el router hacia las maquinas locales, cuando una maquina local se conecta a internet, esta máquina deja el rastro de la dirección IP del router, esto quiere decir que si todas las maquinas locales se conectan a internet al mismo tiempo, todas dejaran el mismo rastro, ósea que todas dejaran solo 1 IP de rastro, la IP que está asignada por el proveedor de internet, en este caso sería la IP **187.143.229.79**.

Ahora entrando en materia de anonimato, si nosotros queremos permanecer anónimos en la red lo que tenemos que hacer es, ocultar nuestra IP real que nos asigna nuestro proveedor de servicios de internet (ISP). Para poder hacer esto tenemos que hacer uso de servidores proxy o vpn's.

Un servidor proxy o proxy es un equipo de cómputo o un software que sirve de intermediario entre las peticiones de recursos que realiza un cliente a otro equipo. En la siguiente imagen mostraremos como es que podemos conectarnos por medio de los servidores proxys, como estos son los que mostraran la IP en vez de nuestro proveedor de internet.

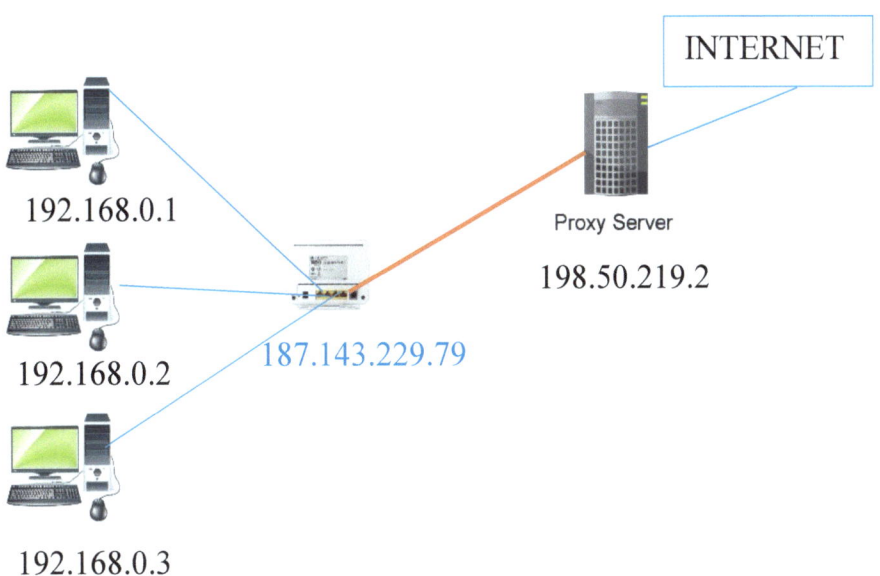

Como en la imagen anteriores, el Router le asigna las IP locales a cada una de las maquinas, el router tiene salida a internet y por lo tanto nuestro ISP asigna una IP externa a este Router con la dirección 187.143.229.79, esta sería la dirección que se almacenaría en los registros de las paginas, podemos utilizar ciertas paginas para poder ver de donde es esta dirección asignada por nuestros ISP, como por ejemplo la página http://www.whatismyipaddress.com, al poner en la página nuestra

IP nos mostrara nuestra ubicación, cabe destacar que estamos utilizando nuestra propia IP para las pruebas. La siguiente imagen nos muestra donde estamos y cuál sería la ubicación de nuestra IP asignada por nuestro ISP:

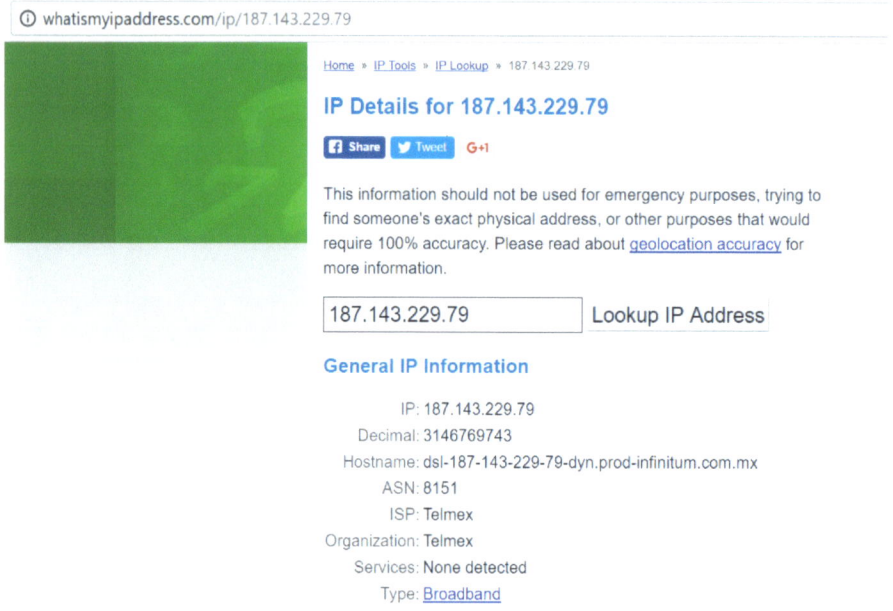

Una vez que nuestra IP hace conexión al Servidor Proxy y queremos visitar cualquier pagina web, la IP que se registra en la pagina destino sera la del Proxy, ocultando asi nuestra IP Externa, al hacer un analisis en la pagina de whatismyipaddress veremos lo siguiente:

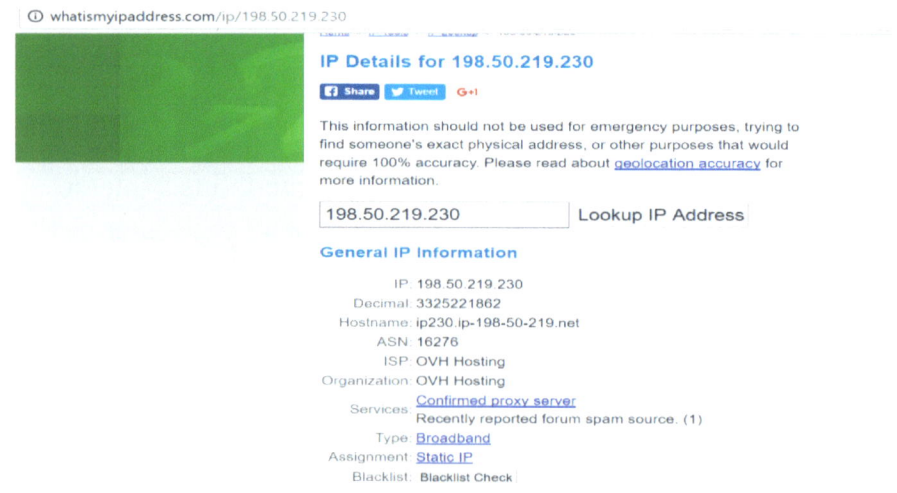

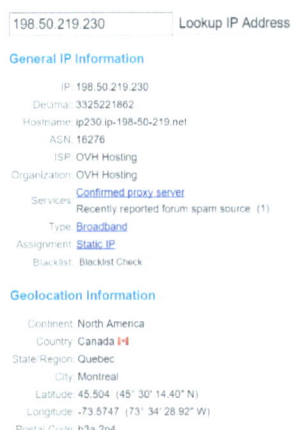

Como podemos ver, ahora para todos estamos conectados desde otra ubicación y conectados con otra direccion IP la cual nos dice que esta ubicada en Quebec, Canada.

De esta manera podremos ocultar nuestra ubicación para que no sea tan facilmente detectada por los delincuentes informaticos.

Ahora, la siguiente parte es ver como podemos hacer este tipo de ocultamiento de IP o navegacion anonima, para esto debemos de utilizar ciertos programas que son los que automaticamente hacen el cambio de nuestra IP, hay servidores proxy´s anonimos, ya que existen proxys transparentes que pueden mostrar tu direccion IP. A continuacion pondre una lista de software que se puede utilizar para la hacer conexión por medio de proxy e iremos mostrando su uso, ya que se vera que es sumamente sencillo utilizarlos.

LISTA DE SOFTWARE PROXY

- Hotspot Shield
- AFW Proxy Server
- ProxyInspector
- Hide IP Platinum
- Free HTTP Proxy Scanner
- Proxy Quick Switch
- Auto Tunnel GG
- Live Proxy Server Finder
- SocksChain
- Anti DDoS Guardian
- AllegroSurf
- Jordy Proxy Chager

Esta es una pequeña lista de algunos software Proxy, los cuales nos ocultaran nuestra direccion IP Real y mostrando una direccion IP de algun otro pais, en algunos nosotros podemos seleccionar el pais de donde querramos conectarnos, de otros por ser software Proxy gratis, solo nos dan una opcion o dos para seleccionar pais. Tamien existen paginas web especiales con las que puedes navegar anonimante por la red.

Uno de los software proxy mas usados es el Hotspot Shield el cual se muestra su pantalla en las siguientes imágenes.

Icono principal de Hotspot Shield, debemos de dar doble clic en el icono para poder tener acceso al programa.

Cuando damos doble clic nos aparece la pantalla de conexión del Hotspot Shield como vemos en la imagen al conectar el proxy este hace la conexión directamente a un servidor de Estados Unidos, y este

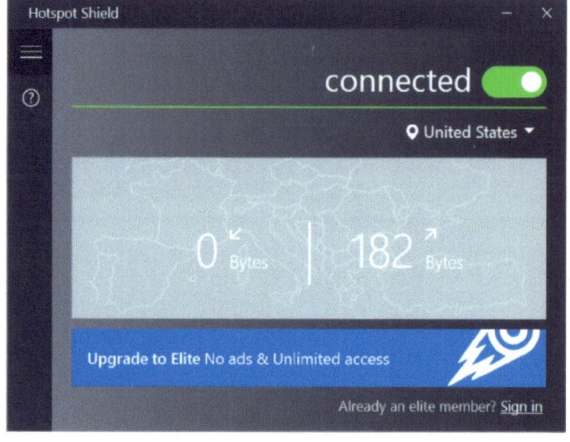

a su vez es el que hace la conexión de todas las peticiones que solicitamos en internet, de esta manera ya no mostrara nuestra IP real y mostrara la IP de estados unidos. Esto lo podemos corroborar accediendo a la pagina de whatismyipaddress como lo mostrarmos anteriormente.

A continuación mostraremos dos imágenes donde vemos una conexión con la IP real de nuestro ISP y tambien mostraremos cuando nos conectamos por medio de el servidor proxy, la pagina que se utiliza para hacer esta comparativa es la que ya hemos mencionado anteriormente:

http://www.whatismyipaddress.com

conexión utilizando la ip real:

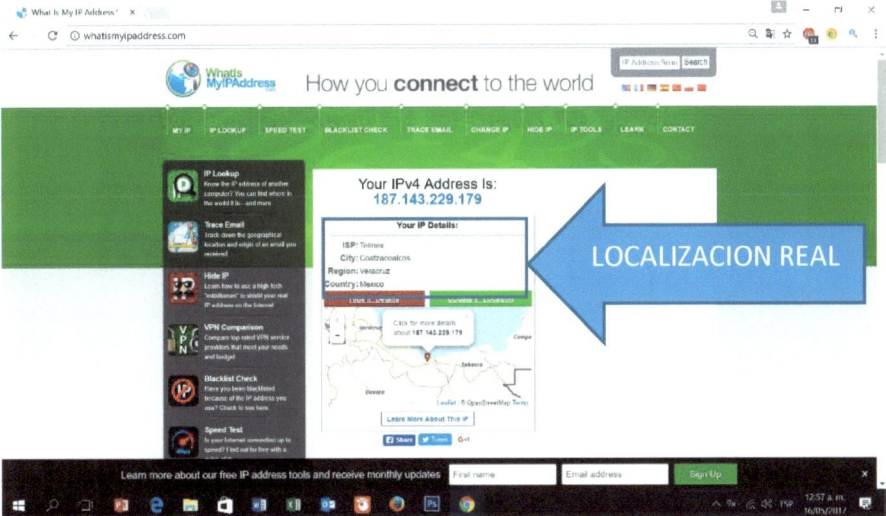

Conexión utilizando servidor proxy

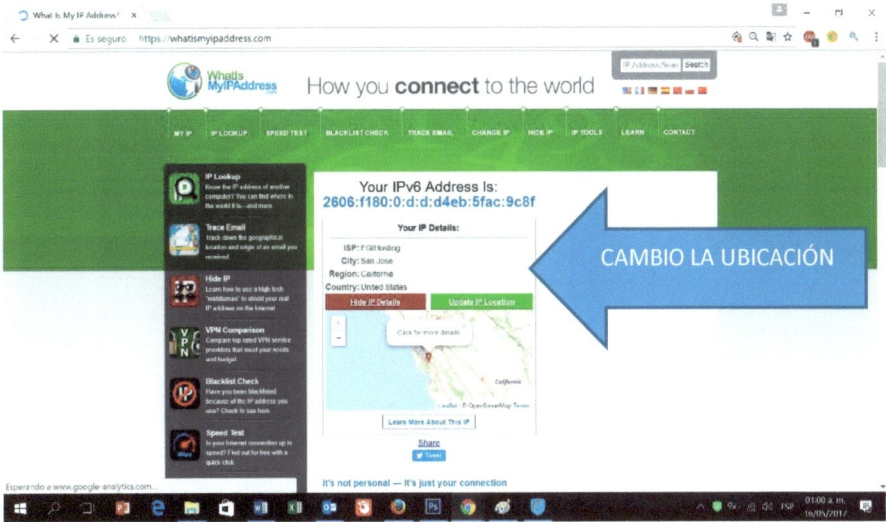

De esta manera es como nos conectaremos usando un proxy.

Ocultando nuestra MAC ADDRESS

El siguiente proceso de ocultamiento es, ocultar la MAC ADDRESS, (Media Access Control Address), esta es un identificador único que se le asigna a las interfaces de red. A las tarjetas de red inalámbricas, a las de red Ethernet, a las impresoras, a los router, etc. Todos estos tienen un identificador único de 48 bits que no se repite en todo el mundo, es como su propia huella digital para poder comunicarse. En una red informática los equipos se pueden comunicar mediante la dirección IP, pero también por medio de su MAC ADDRESS.

En este tema veremos el proceso para cambiar nuestra MAC ADDRESS por medio de software y por medio de la configuración manualmente.

Existe el siguiente software llamado:

Technitium MAC Address Changer

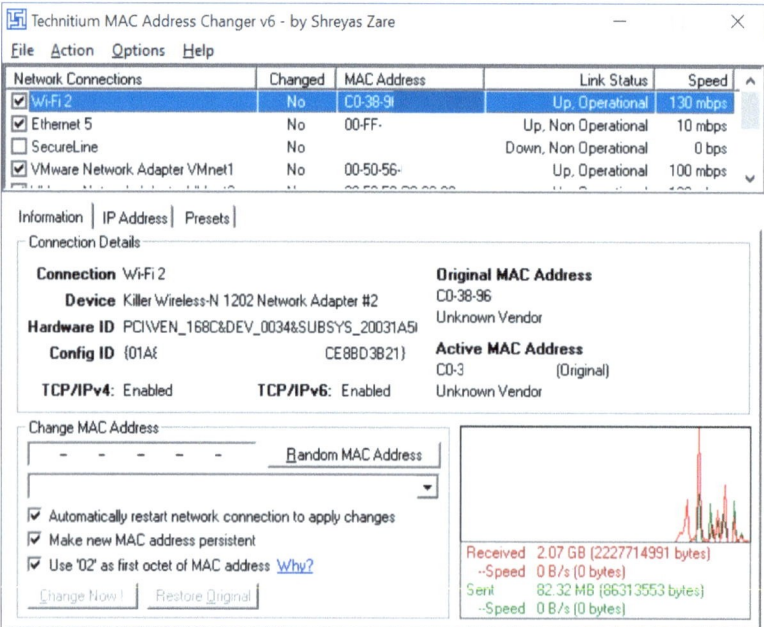

Este programa es muy sencillo de usar y de instalar, explicaremos de manera facil y detallada su uso para que no se tenga duda ni complicacion al instalarlo.

La primer seccion del programa es para identificar las tarjetas de red que tenemos conectadas y ver cual esta funcional y a que velocidad transmite

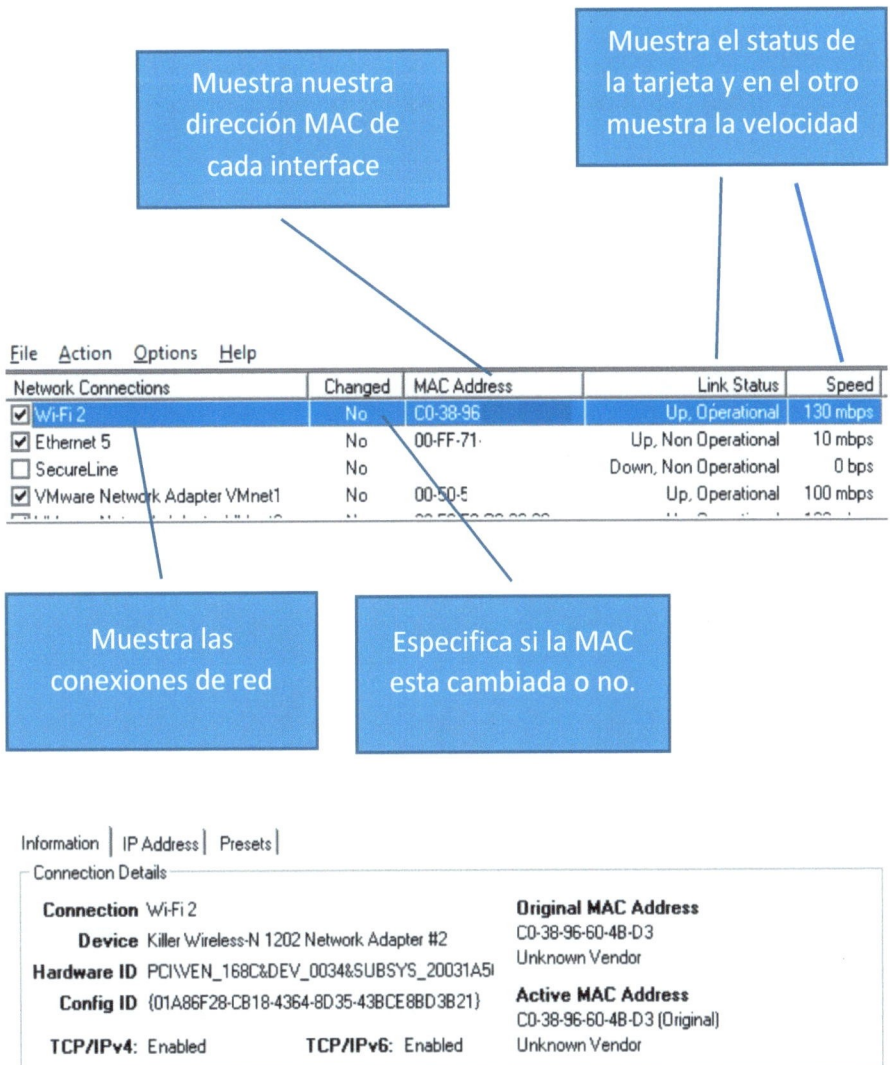

Descripcion sobre la interfase de red, nos muestra si esta con la MAC Original y si esta cambiada nos muestra la MAC Cambiada.

Practicamente todo lo haremos en la siguiente seccion para poder cambiar y modificar los datos de la MAC ADDRESS.

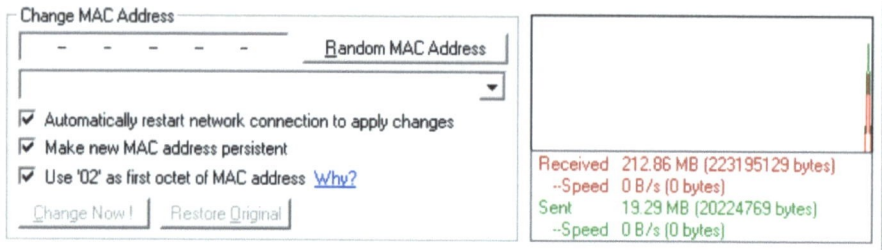

Solo tenemos que precionar en el boton de Random MAC Address y el programa automaticamente nos hace el cambio de la MAC, aclaramos que este cambio no es real, solo esta simulando una MAC ADDRESS diferente para asi de este modo ocultar nuestra MAC ADDRESS real.

Otro programa para que pueda cambiar la direccion MAC de la tarjeta de red de manera facil es MadMACs.

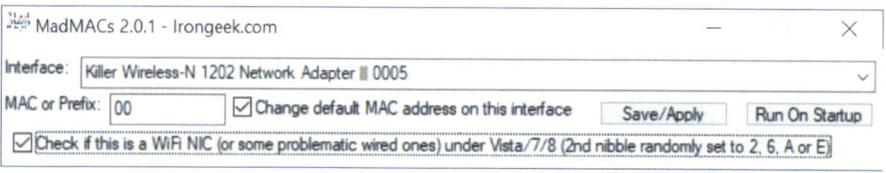

Este programa se utiliza solo seleccionando la interface de red a utilizar, poner con que prefijo desea iniciar la MAC ADDRESS y salvar los cambios y dar clic en Run On Startup.

De esta manera ya contamos con dos de los principales metodos de ocultamiento, por medio de nuestra dirección IP y tambien ocultando nuestra MAC ADDRESS.

Analisis Forense Digital.

El cómputo forense, también llamado informática forense, computación forense, análisis forense digital o examinación forense digital es la aplicación de técnicas científicas y analíticas especializadas a infraestructura tecnológica que permiten identificar, preservar, analizar y presentar datos que sean válidos dentro de un proceso legal.

En este tema mensionaremos las fases del Computo Forense y explicaremos cada uno de ellos, haciendo referencia al analisis forense de la memoria ram.

Fases del Computo Forense Digital

1. **ADQUISICIÓN**.- En esta fase es tomar la muestra de la evidencia, como aquí estamos hablando de la memoria ram, tenemos que obtener una imagen del contenido de la informacion de la memoria por si existen evidencia que pueda ser utilizada para solucionar algun problema. Debemos de tener mucho cuidado de no alterar dicha información, por eso debemos utilizar herramientas o dispositivos especializadas para poder copiar bite a bite dicha información.

La adquisición de muestras debe respetar una regla fundamental que está ligada a la **volatilidad** de las muestras, por lo que se deberán recolectar en el orden de la más volátil en primera instancia a la menos volátil, sobre el final. A modo de ejemplo, podríamos indicar que primero deberíamos recolectar datos relevantes a la memoria, contenidos del caché y como último paso recolectar el contenido de documentos o información que esté disponible en el soporte de almacenamiento.

2. **PRESERVACIÓN.-** En esta tenemos tenemos que garantizar la informacion que obtenemos, debemos de al menos tener 2 copias de respaldo y el original por si existe alguna alteración al contenido de la misma. El trabajo de

analisis debera realizarce sobre la copia. En algunos casos se deberan utilizar hashes para asi garantizar la originalidad de la información o de algunso archivos que creamos importantes.

Aquí es cuando se da el concepto de cadena de custodia, el cual es un acta donde se debe registrar el nombre del analista, el lugar, la fecha y los nombres de las personas que participan y manipulan la muestra.

3. **ANALISIS.-** Esta es una de las fases mas complejas, ya que utilizaremos tanto software como hardware en algunos casos, en el caso del analisis a la memoria ram solo utilizaremos software especializado para poder crear la imagen con la información de la misma y un sofware para poder estudiar y analisar dicha imagen.

Es muy importante tener en claro qué es lo que estamos buscando, debido a que esto dará un enfoque más preciso a la hora de ir a buscar pruebas. Sin embargo, el estudio de la línea de tiempo (*timeline*), *logs* de accesos y una descarga de la memoria RAM será muy útil para la mayoría de las pericias.

4. **DOCUMENTACIÓN.-** En esta etapa que ya es final, debemos de ir documentando todo lo que se realizo durante las fases anteriores, para esta etapa ya debemos tener en claro que es lo que se estaba buscando y documentarlo de tal manera donde expliquemos cada proceso realizado.

5. **PRESENTACION.-** Normalmente se suelen usar varios modelos para la presentación de esta documentación. Por un lado, se entrega un **informe ejecutivo** mostrando los rasgos más importantes de forma resumida y ponderando por criticidad en la investigación sin entrar en detalles técnicos. Este informe debe ser muy claro, certero y conciso, dejando afuera cualquier cuestión que genere algún tipo de duda.

Un segundo informe llamado "Informe Técnico" es una exposición que nos detalla en mayor grado y precisión todo el análisis realizado, resaltando técnicas y resultados encontrados, poniendo énfasis en modo de observación y dejando de lado las opiniones personales.

Análisis Forense a la Memoria RAM

Para poder hacer el análisis forense a la memoria RAM, seguiremos el siguiente proceso paso a paso:

1.- Abriremos la Power Shell de Windows en modo administrador, haciendo clic con el botón derecho del mouse sobre el icono de Windows como se muestra en la siguiente imagen:

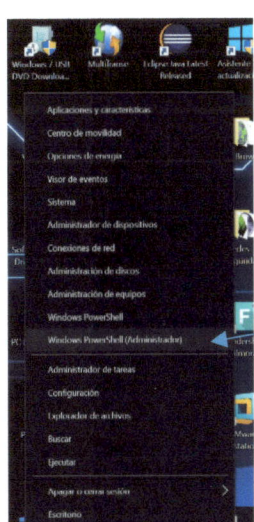

al dar clic en la opcion de Windows PowerShell (Administrador) se abrira una ventana de cuenta de control de usuario a la cual tendremos que dar clic en SI, de ahí nos mostrara la ventana de PowerShell como se muestra en la siguiente figura:

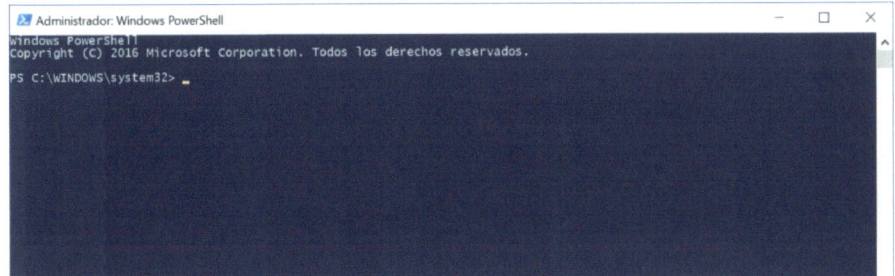

Despues tenemos que buscar donde se encuentran los archivos que se utilizaran en modo consola, para poder hacer la imagen de la memoria ram.

En este caso utilizaremos el comando **win64dd.exe** ya que nuestro equipo de pruebas es de 64 bits, aquí tendremos que buscar el archivo de acuerdo a nuestra tecnologia de la pc, ya sea de 32 o 64 bits. La ruta de acceso al archivo puede variar de acuerdo a la carpeta donde se encuentre.

Estos son los archivos con los cuales debemos contar para poder hacer la imagen de nuestra memoria ram, utilizando el programa de la siguiente manera:

C:\>win64dd.exe /f <nombre de la imagen>

donde <nombre de la imagen> es el nombre que le daremos a nuestro archivo, el cual almacenara todo el contenido de nuestra memoria ram.

En la imagen que se mustra a continuacion pondremos el comando ejecutado para analisar y extraer los datos de la memoria ram y asu vez almacenarlos en un archivo, el cual se guardara en el equipo para su posterior analisis.

```
Administrador: Windows PowerShell

S C:\Users\Amauisca\Documents\cursos\Certificacion Informatica Forense\SOFTWARE VOLCADOS RAM> .\win64dd.exe /f memdump
win64dd - 1.3.1.20100417 - (Community Edition)
Kernel land physical memory acquisition
Copyright (C) 2007 - 2010, Matthieu Suiche <http://www.msuiche.net>
Copyright (C) 2009 - 2010, MoonSols <http://www.moonsols.com>

Name                            Value
----                            -----
File type:                      Raw memory dump file
Acquisition method:             PFN Mapping
Content:                        Memory manager physical memory block

Destination path:               memdump

O.S. Version:                   Microsoft Home Premium, 64-bit (build 9200)
Computer name:                  SUNOS

Physical memory in use:             76%
Physical memory size:           16655384 Kb (  16265 Mb)
Physical memory available:       3958992 Kb (   3866 Mb)

Paging file size:               33432600 Kb (  32649 Mb)
Paging file available:          17312544 Kb (  16906 Mb)

Virtual memory size:            137438953344 Kb (134217727 Mb)
Virtual memory available:       137438905104 Kb (134217680 Mb)

Extented memory available:          0 Kb (      0 Mb)

Physical page size:             4096 bytes
Minimum physical address:       0x0000000000001000
Maximum physical address:       0x000000045F5FF000

Address space size:             18779996160 bytes (18339840 Kb)

--> Are you sure you want to continue? [y/n]
```

Al ejecutar el comando, nos mostrara la pantalla anterior donde tenemos que confirmar presionando la "y" para que empiece el proceso de extraccion de los datos de la ram y almacernalos en el archivo que seleccionamos en este caso el archivo se llama memdump. Una vez seleccionando la "y" se mostrara la pantalla de la siguiente manera:

```
--> Are you sure you want to continue? [y/n] y

   Acquisition started at:       [14/6/2017 (DD/MM/YYYY) 23:51:4 (UTC)]

   Processing....
```

Esto nos quiere decir que se esta realizando el proceso.

Una vez terminado el proceso tenemos que saber donde se quedo el archivo **memdump** guardado, para asi poder analisarlo mediante el programa llamado **winhex o FTK Imager.** En nuestro caso utilizaremos el programa **winhex**, en el cual abriremos el archivo que guardamos. Estas herramientas las podemos descargar de las siguientes paginas:

Winhex: https://www.x-ways.net/winhex/

FTK Imager: http://accessdata.com/product-download

Mostraremos a continuación el proceso de analisis de la imagen de la mamoria ram, abriremos el programa **winhex**.

Primero tenemos que abrir el programa **winhex**

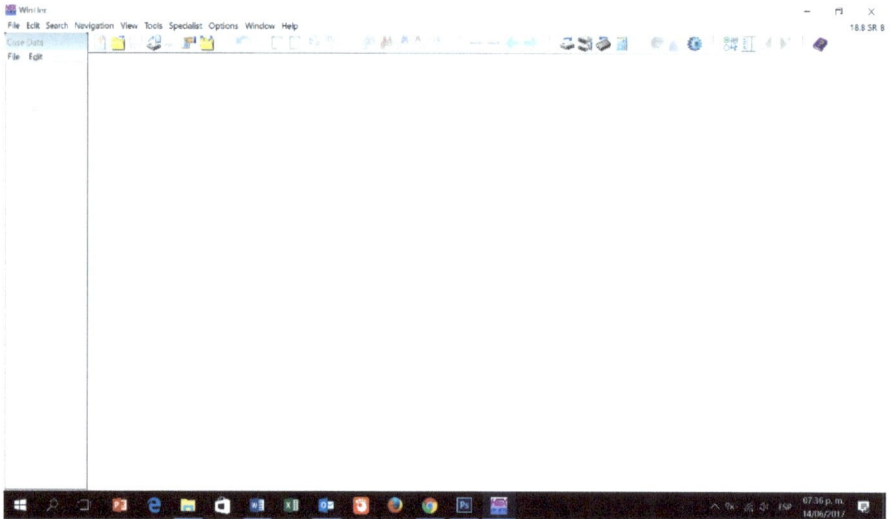

Segundo, tenemos que darle clic en File – Open

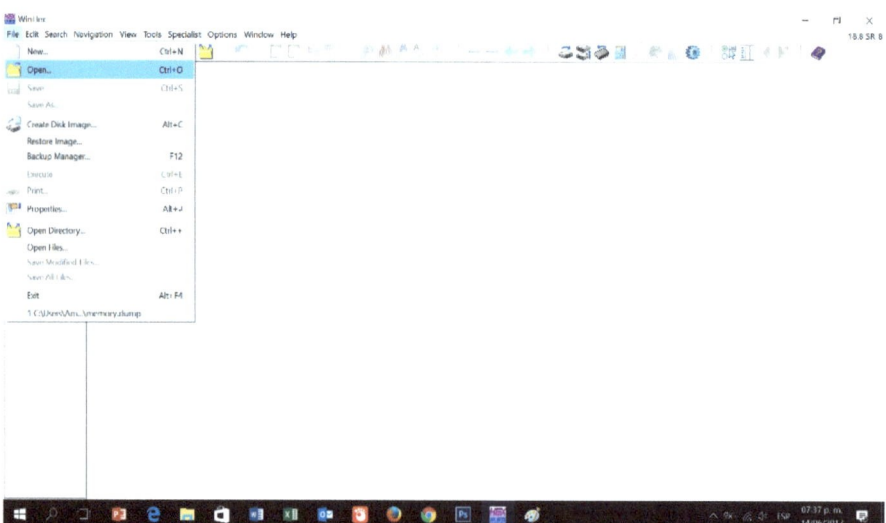

Tercero, buscamos el archivo en el cual creamos la imagen con todo el contenido de la memoria ram, el cual normalmente contienen la extencion .dump y seleccionamos abrir como en la siguiente imagen:

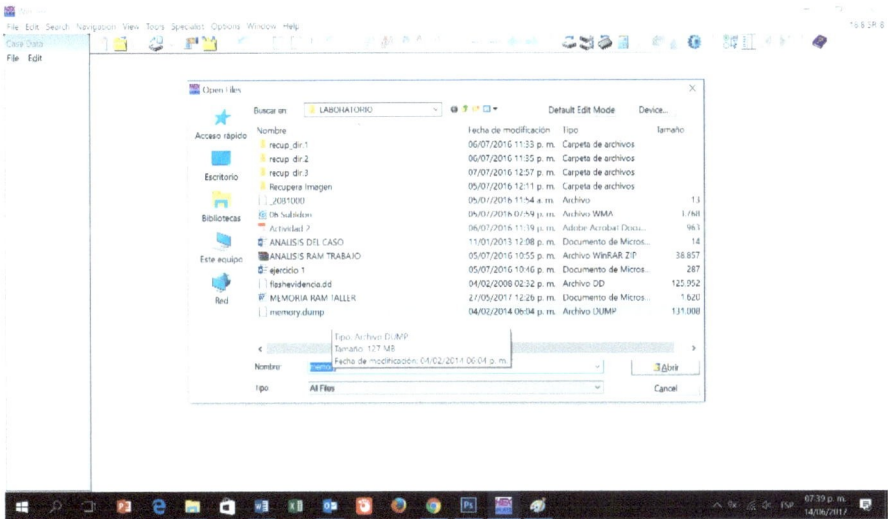

Despues de seleccionar el archivo y darle clic en abrir nos mostrara el contenido y el cual podremos empezar a analizar por medio de busquedas con palabras claves sobre lo que deseemos encontrar dentro de la mamoria.

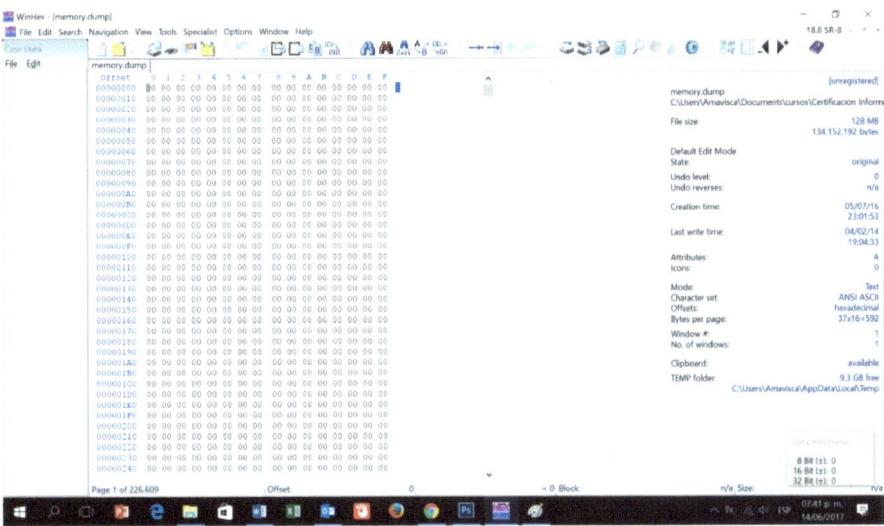

Aquí vemos la parte inicial del contenido de la memoria ram, esto quiere decir que no contiene informacion en esta sección pero si utilizamos la herramienta de busqueda y ponemos la palabre clave por ejemplo "http" nos encontrara lo que concuerde con dicha palabra, como lo mostraremos en los siguientes ejemplos utilizando diferents palabras claves dando clic en el icono de los vinoculares.

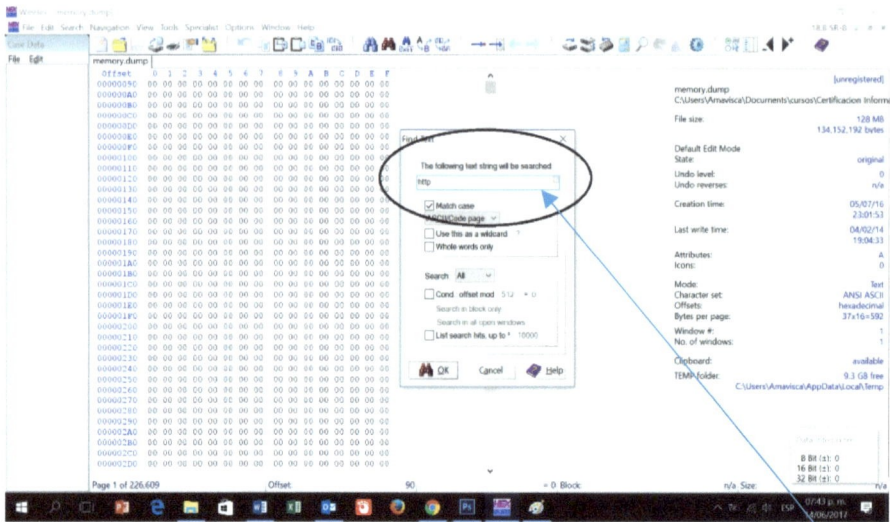

Aquí pondremos la palabra clave que deseemos buscar

Al teclear y darle la búsqueda con la clave HTML nos muestra la primera línea que contenga dicha palabra como lo vemos a continuación:

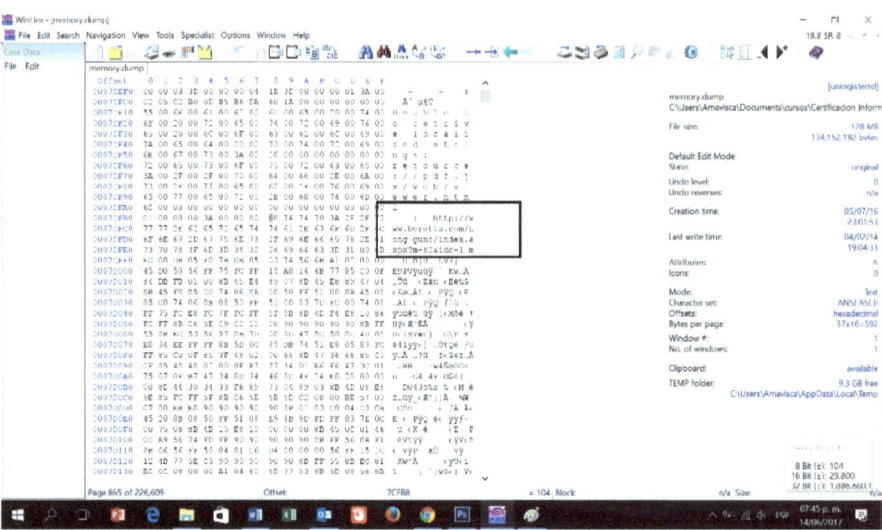

Aquí en la imagen en el cuadro encerramos que es la primera coincidencia con la palabra clave a buscar, como vemos, nos muestra la coincidencia y todo una url la cual podemos copiar y pegar en el navegador y nos mostrara el contenido. Si deseamos seguir buscando solo presionamos F3 y va a la siguiente línea que contenga la misma palabra clave que es HTML.

De esta manera hacemos todo el proceso de búsqueda, podemos poner palabras claves tales como passwd, password, Facebook, Gmail, Hotmail, Outlook, etc., esto con el propósito de encontrar información relevante que nos ayuden a solucionar nuestro caso.

A continuación dejaremos unas capturas del programa FTK Imager el cual también nos sirve tanto para obtener la imagen de la memoria RAM y poder analizar al igual que winhex el contenido de dicha imagen.

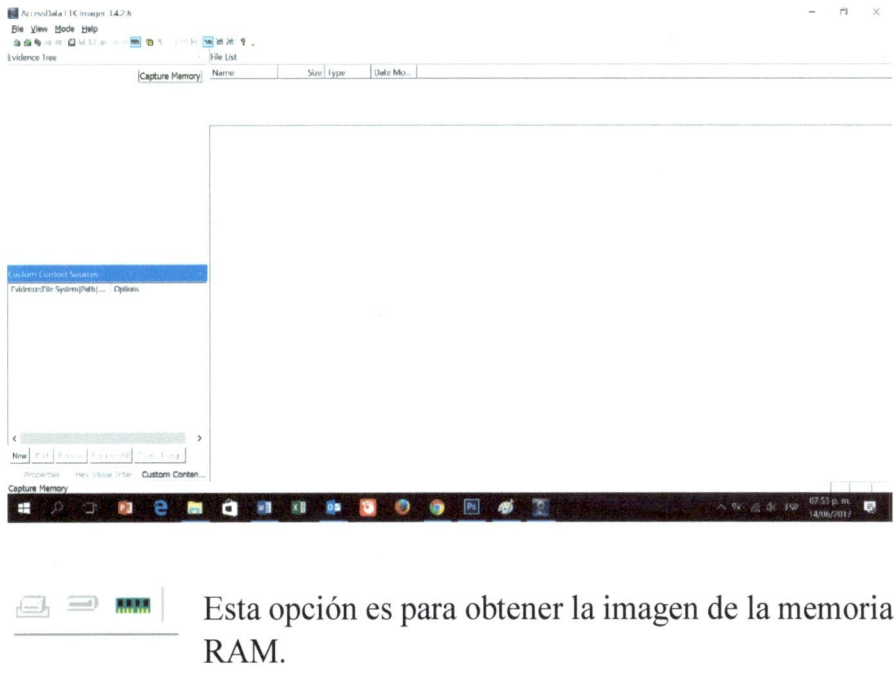

Esta opción es para obtener la imagen de la memoria RAM.

Aquí podremos abril la imagen obtenida para examinarla.

Y a continuación procedemos a analizar de la misma manera como lo hacemos en el programa de winhex por medio de palabras claves.

Análisis de vulnerabilidades

El análisis de vulnerabilidades es el control que asegura minimizar el riesgo de los sistemas comenzando con una explotación satisfactoria, identificados continuamente, priorizando y mitigando vulnerabilidades en ellos.

Vulnerabilidades

Podemos definirla como una vulnerabilidad en el sistema, código, plataforma, etc… que puede llegar a provocar en el sistema un comportamiento diferente.

Ejemplo:

Un formulario de logueo donde ingresamos usuario y contraseña y nos permite acceder al sitio, pero que pasa si colocamos una sentencia de código que permita ingresar al sistema sin existir en él.

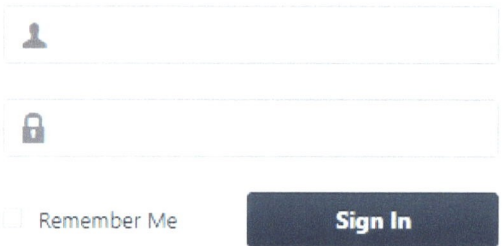

Así como HEARTBLEED y POODLE son un ejemplo de las vulnerabilidades que presentaron el protocolo de cifrado SSL v3 y SHELLSHOCK presentado el intérprete bash.

Riesgo

Existen varios tipos de riesgo, pero nosotros para fines prácticos, lo definiremos como "la probabilidad de que suceda".

En todo sistema, código, programa, archivo, etc… tiene un riesgo.

Lo que queremos proteger, dependiendo de su entorno, el riesgo aumentará o disminuirá.

Ejemplo:

Cruzar un rio sobre una soga es más riesgoso que cruzar el rio sobre un puente, ya que el puente es más estable y bien construido, por lo que el riesgo disminuye al cruzar sobre el puente.

El riesgo únicamente disminuye o aumenta, pero jamás se elimina al cien por ciento.

Amenaza

Cuando la debilidad que existe en el sistema es aprovechada por algo, mayormente alguien.

Una amenaza produce daños materiales o inmateriales dependiendo la gravedad de la debilidad.

Los delincuentes informáticos son un claro ejemplo de amenaza en los sistemas informáticos, ya que ellos se encargan de aprovecharse de esos fallos.

Vulnerabilidad, riesgo y amenaza

Estos tres conceptos son muy usados en el ámbito de la seguridad informática, por lo que es de gran importancia entenderlos.

La manera en como estos tres conceptos conviven la podemos definir de la siguiente manera.

Un sistema tiene una vulnerabilidad y existe un riesgo muy alto que una amenaza pueda aprovecharse de esa vulnerabilidad.

La vulnerabilidad, riesgo y amenaza dependen uno de otro, la vulnerabilidad tiene un riesgo, la amenaza se aprovecha de la vulnerabilidad porque existe un riesgo.

Ejemplo:

Vulnerabilidad: La casa de madera tiene diferentes vulnerabilidades, una de estas vulnerabilidades es que puede ser aplastada y destruida.

Riesgo: ¿Cuál es la probabilidad de que una piedra rodante aplaste la casa?

Amenaza: El plano inclinado es una amenaza para la casa, porque está provocando que una piedra se dirija hacia la casa

Por lo que podemos definirlo de la siguiente manera:

Términos coloquiales: El plano inclinado está provocando que una piedra caiga sobre la casa y la destruya.

Términos técnicos: La amenaza está provocando que el riesgo se materialice sobre la vulnerabilidad.

Escaneo de puertos

Técnica de detección, si un equipo se encuentra en la red, que software está usando o que servicios está proporcionando.

El escaneo de puertos entra en la fase de reconocimiento y recopilación de información, en esta fase nos debemos encargar de detectar lo más que podamos de servicios, equipos, sistemas operativos, segmentos de red, tipo de trafico de red que se encuentra en el entorno.

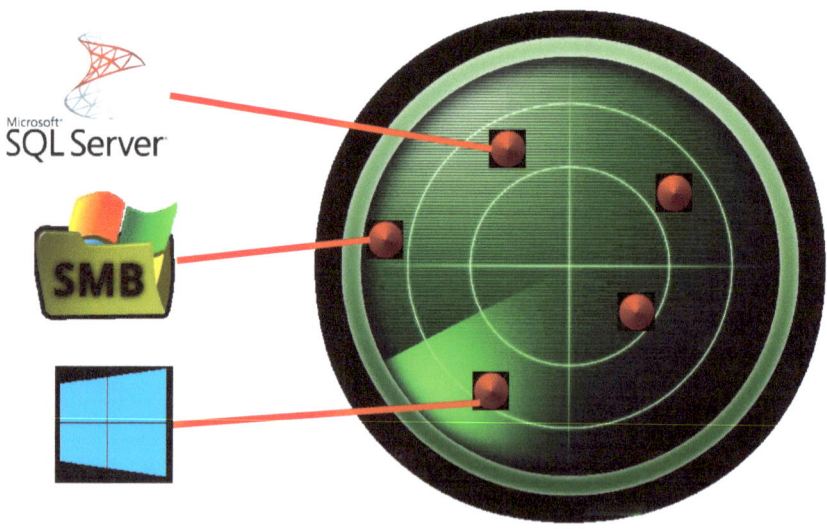

Clasificación de vulnerabilidades

El estándar utilizado para clasificar las vulnerabilidades es el siguiente:

CVE (Common Vulnerabilities and Exposures), cataloga la vulnerabilidad proporcionando detalles de ella.
CVSS (Common Vulnerability Score System), proporciona una puntuación de criticidad para la vulnerabilidad.

Ejemplo:

Name: Bash Shellshock.
CVE: CVE-2014-6271 ; CVE-2014-7169
CVSS Base Score: 10

Exploits

Programa que se aprovecha de una vulnerabilidad específica y provoca comportamiento diferente en el sistema.
Los exploits son para sistemas específicos, ya que un exploits diseñado para sistemas operativos windows no funcionaria en sistemas linux.

No solo depende del sistema operativo, tambien de la arquitectura del sistema, versión de software, idioma del sistema operativo, etc… son varios factores a tomar en cuenta al lanzar un exploits.

Herramientas de análisis de vulnerabilidades

Nivel infraestructura

Análizan protocolos TCP, UDP, puertos, cifrados, aplicaciones des actualizadas, etc …

Nivel aplicaciones web

Analizan certificados del sitio, links rotos, formularios si son suseptibles a inyecciones de código, si usan componentes vulnerables, etc…
Varias de estas herramientas se basan en las vulnerabilidades de acuerd al top 10 OWASP (Open Web Application Security Project).

Conociendo Nessus

La herramienta que usaremos es NESSUS, esta herramienta hace uso de plugins que se encargan de cotejarla contra las vulnerabilidades existentes, es soportada, cuenta con actualizaciones constantes y cuenta con version gratuita hasta para analizar 15 equipos, es posible descargarla desde el autor del sitio www.tenable.com pedirá un registro para proporcionar un código de activación que será colocada durante la instalación.

La herramienta hace uso del puerto 8834, por lo que para ingresar se deberá colocar la siguiente dirección
https://localhost:8834

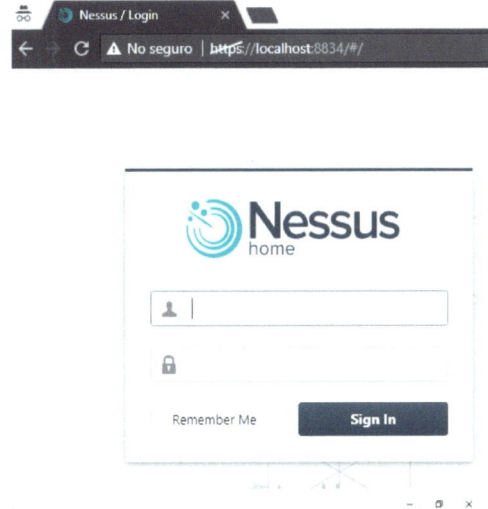

Se ingresará el usuario y contraseña que se colocó previamente durante la instalación y podremos ver el dashboard.

En este apartado visualizaremos las carpetas con las que contamos, podemos crear nuevas carpetas y crear una plantilla para un nuevo escaneo.

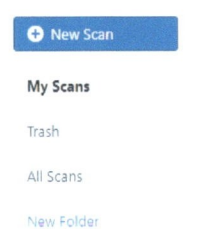

Los cuadros son modulos para escaneos especificos que tienen configurado previamente los plugin, para que solo definamos a quien queremos escanear, es una forma más rapida de escaneo, siempre y cuando esten disponibles los modulos.

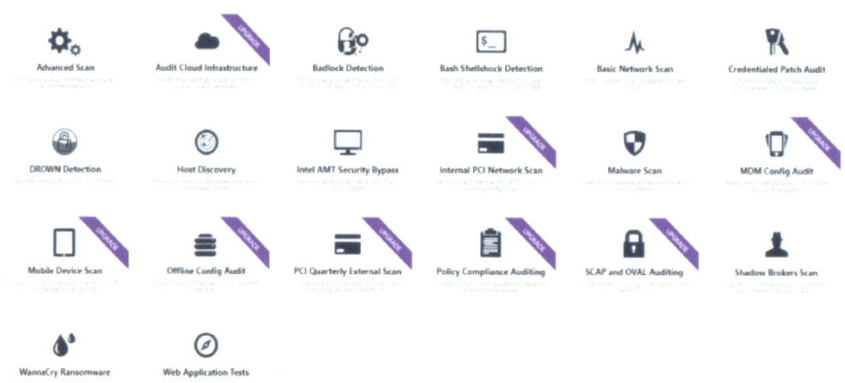

Cuando el modulo menciona "UPGRADE" es debido a que se encuentra disponible en la versión enterprise.
Los principales modulos que usaremos son los siguientes:

Host Discovery

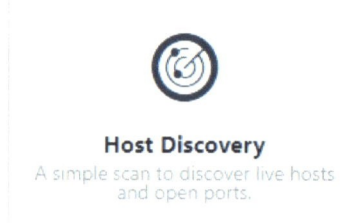

Permite detectar lo equipos que se encuentran en la red y los puertos, servicios, tipo de software que usan.

Basic Network Scan

Basic Network Scan
A full system scan suitable for any host.

Este modulo se encuentra configurado con todos los plugins disponibles, no permite personalizar el escaneo, solo permite ingresar los objetivo o el rango de red y las credenciales.
Este tipo de escaneo puede llegar a tardar más tiempo debido a que no se encuentra configurado adecuadamente.

Advanced Scan

Advanced Scan
Configure a scan without using any recommendations.

Este modulo es el más recomendado, debido a que nos permite personalizar los plugins necesarios para nuestros escaneos, volviendolos más rapido y con resultados que nosotros solo necesitemos.
Tambien permite ingresar credenciales para autenticarse en el equipo escaneado, esto con el fin de encontrar más debilidades en el sistema.

Detección de equipos en la red.

Haremos uso del modulo de Host Discovery.

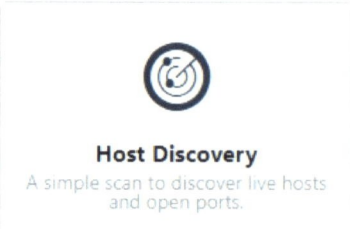

Nos muestra el dashboard donde configuraremos nuestro escaneo.

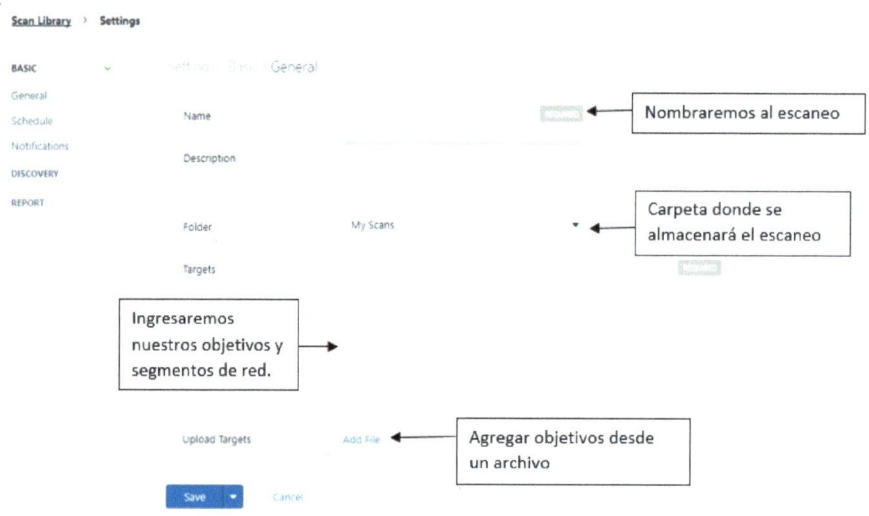

Escaneo Básico.

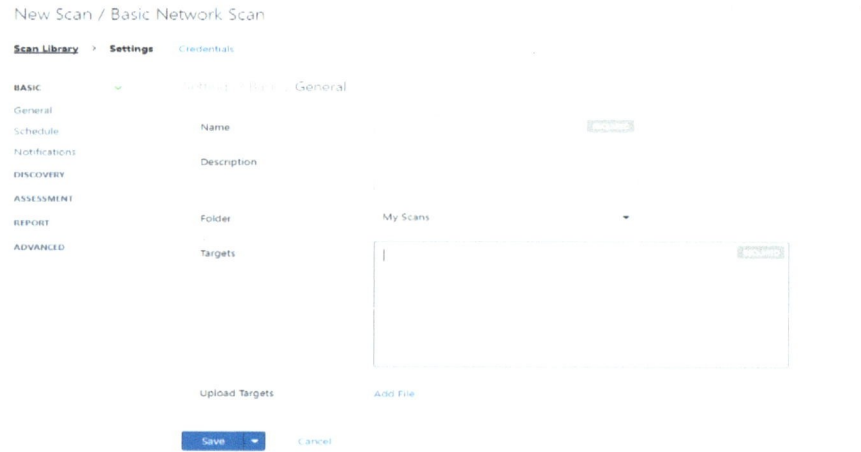

En la pestaña "Credentials" podemos colocar las credenciales del equipo que se escaneará, esto con el fin de encontrar más vulnerabilidades una vez autenticado.

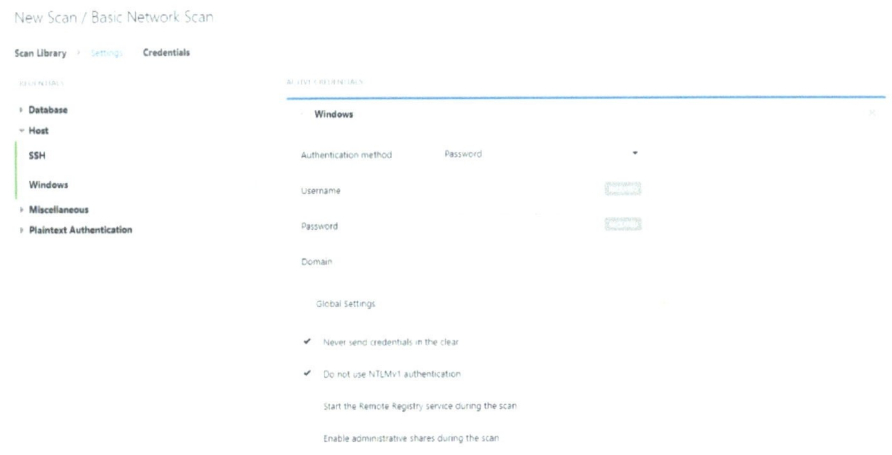

Escaneo Avanzado

En panel de "Advanced Scan" podemos visualizar 2 pestañas más (Compliance y Plugins).

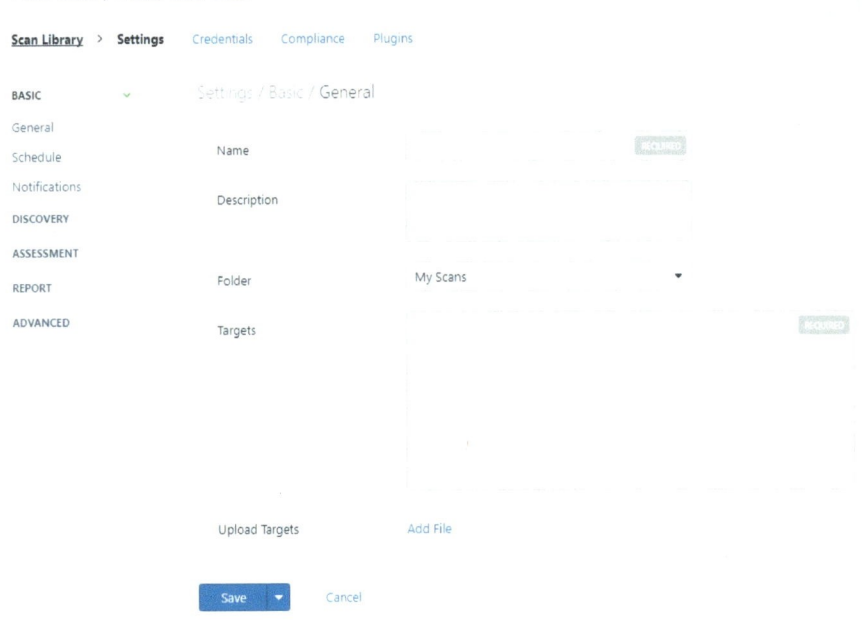

En el panel de "Compliance" en la sección del lado izquierdo, podemos visualizar unas plantillas definidas para corroborar si un sistema se encuentra configurado de acuerdo a la plantilla o estándar.

En el lado derecho del panel, se encuentra el checklist de PCI DSS v3 deseado y verificará si el equipo se encuentra configurado de acuerdo al estándar.

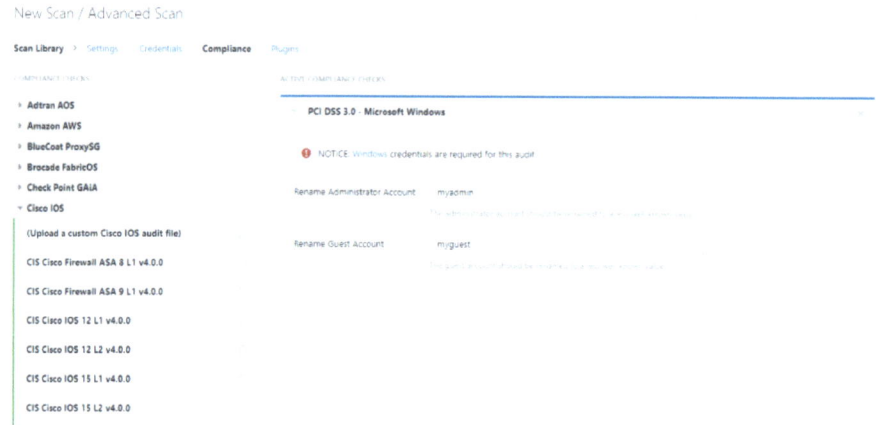

En el panel de "Plugins" en la sección del lado izquierdo se encuentran los plugins con los que escanea Nessus y comprueba si existen vulnerabilidades en el sistema.

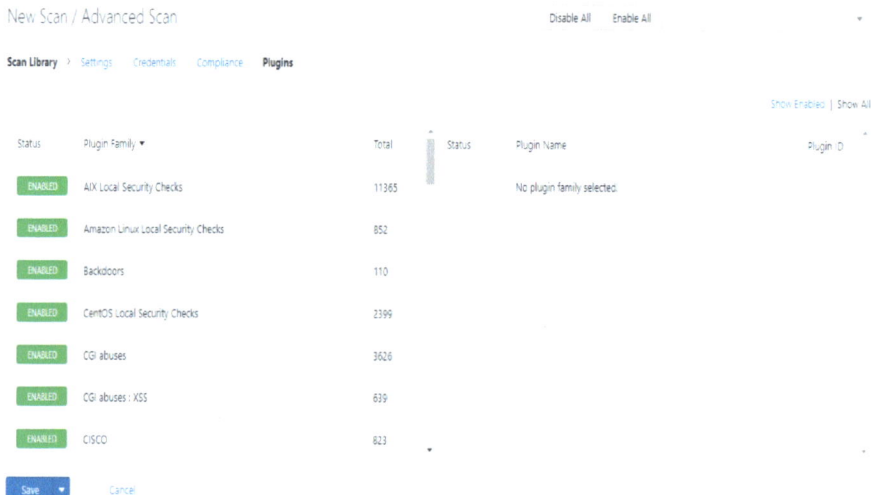

Configuración de Plugins

Podemos habilitar y des habilitar los plugins usados para el escaneo que lanzaremos.

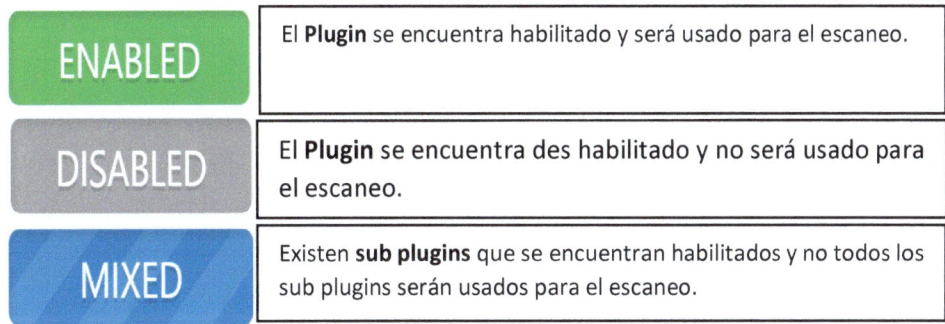

Un ejemplo de como habilitar un sub plugin para detectar las actualizaciones que tiene instaladas windows, mientras que las demas no las tomará en cuenta para el escaneo.

Lanzando el primer escaneo

Detección de equipos en la red

Haremos uso del modulo Host Discovery previamente configurado y proporcionado por Nessus.

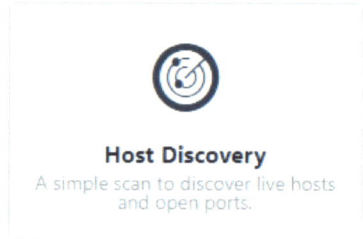

Agregaremos el **nombre del escaneo**, una breve **descripción**, colocaremos un **rango de red** y daremos **guardar**.

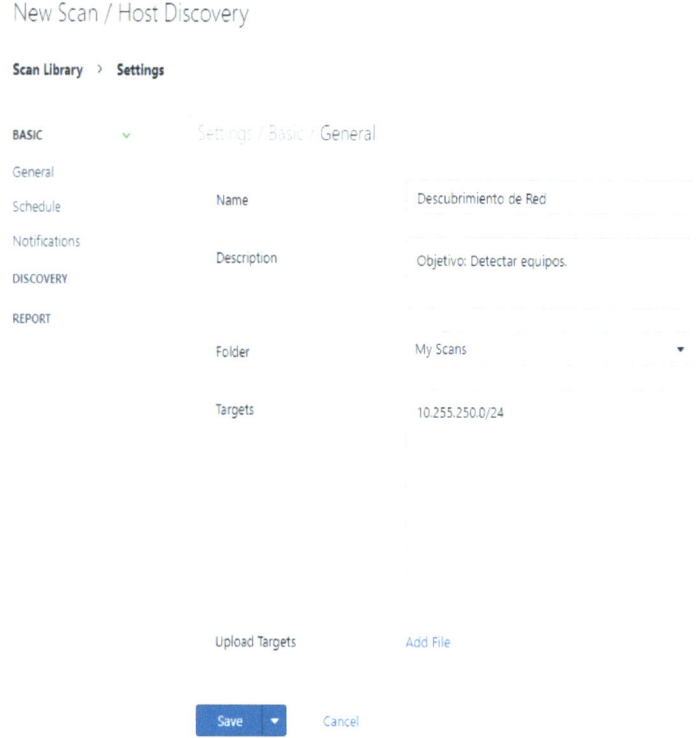

El escaneo ya se encuentra guardado y aun no es lanzado para escanear.

El escaneo guardado cuenta con las siguientes secciones:

Una vez lanzado el escaneo se muestra unas flechas y la hora notificando que se encuentra corriendo el escaneo.

Al finalizar el escaneo aparece de esta manera, mostrando una palomita, notificando que todo salio correctamente.

Al abrir el escaneo nos muestra el resultado de lo que detecto.

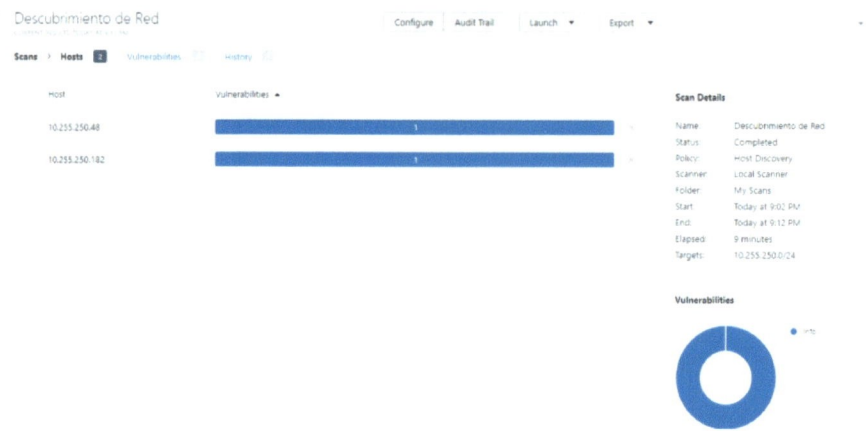

Para ver más detalles hay que seleccionar el host deseado y comenzar a análizar la información detectada.

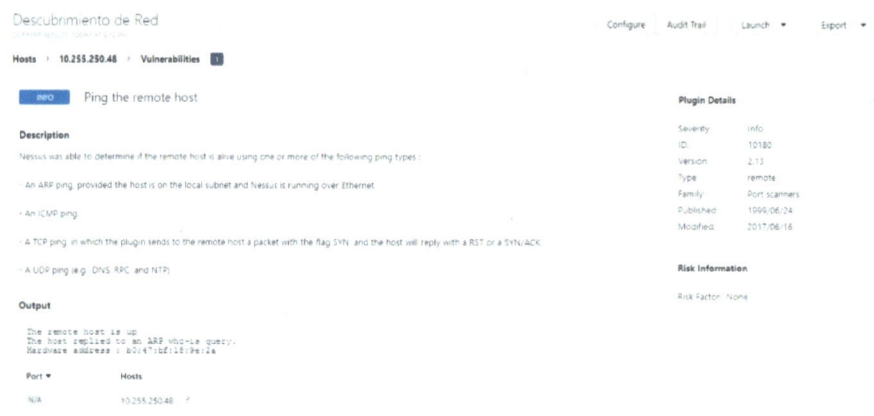

Con esto tenemos una dirección MAC del equipo detectado, ya que sólo detecto 2 equipos en la red, 1 es el nuestro, por lo que entonces existe un equipo en la red y que puede tambien ser el router.

Escaneo Básico

El siguiente modulo que veremos será el "Basic Network Scan".

Basic Network Scan
A full system scan suitable for any host.

Al seleccionar este modulo, podemos visualizar que las opciones son limitadas, ya que solo nos permite ingresar los objetivos o el rango de red a escanear, credenciales para autenticación y programarlo para escanear en un horario no productivo.
Previamente habiendo descubierto los equipos que se encuentran en la red, colocaremos el objetivo que deseamos auditar.

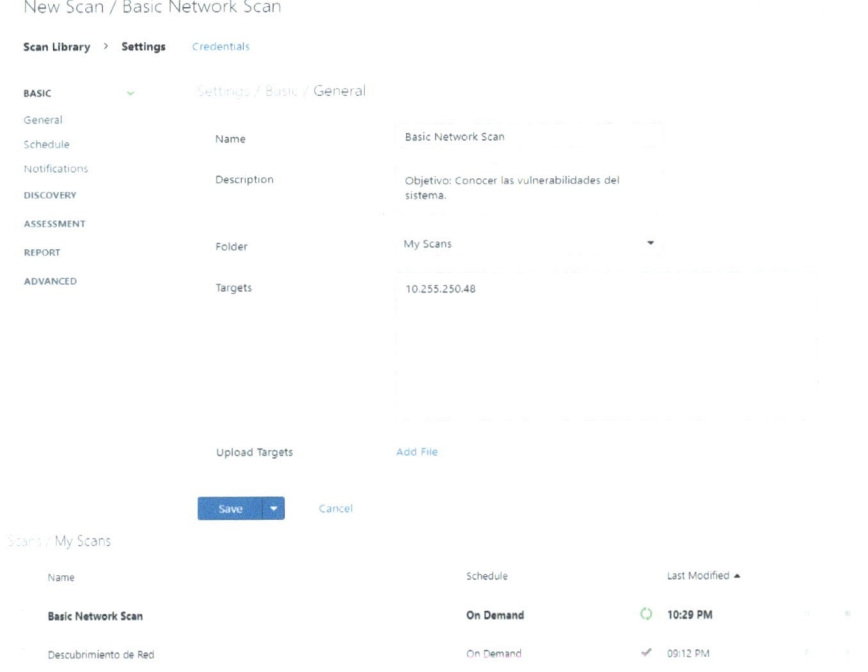

Se lanzo el escaneo pero como el equipo ya no se encuentra en la red, entonces no pudo ser detectado y escaneado por nessus, por lo que prepararemos otro objetivo.

Ahora se volvio a configurar cambiando el objetivo por la dirección IP 10.255.251.233

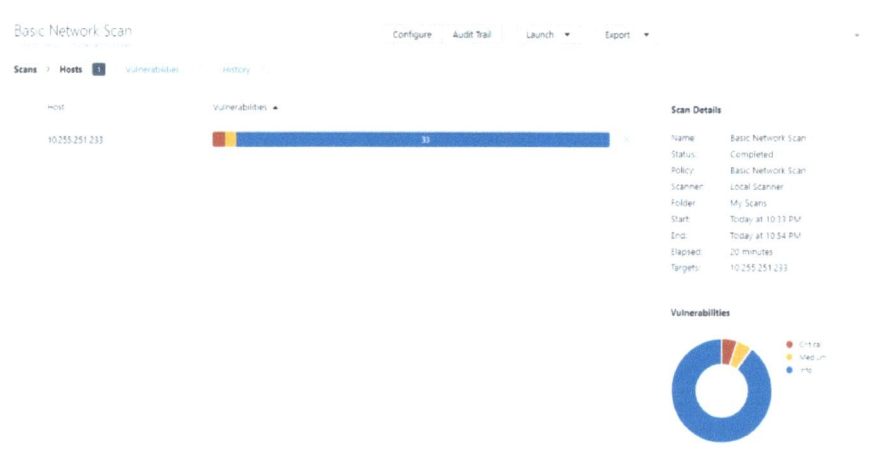

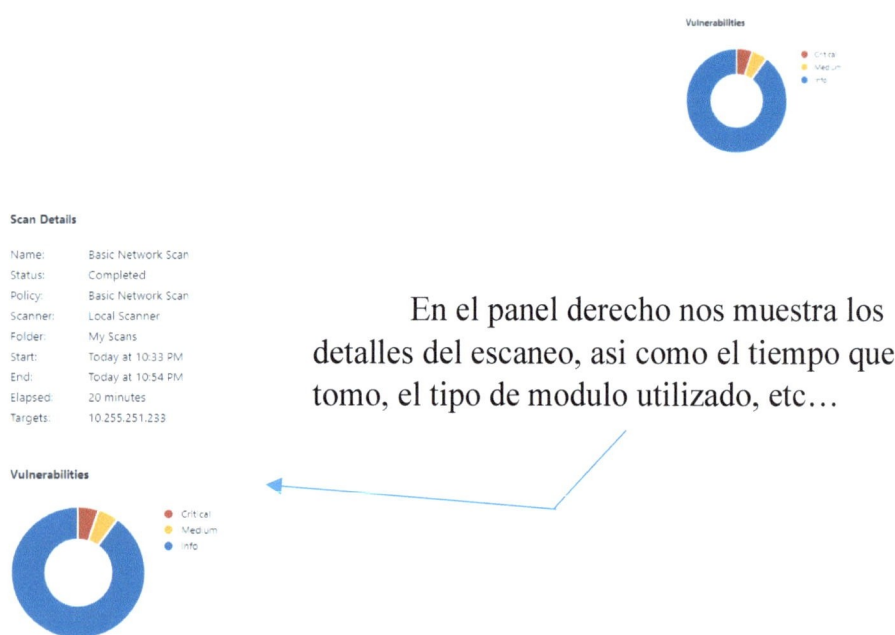

En el panel derecho nos muestra los detalles del escaneo, asi como el tiempo que tomo, el tipo de modulo utilizado, etc…

Al seleccionar el objetivo escaneado nos desplegará las vulnerabilidades detectadas por Nessus.

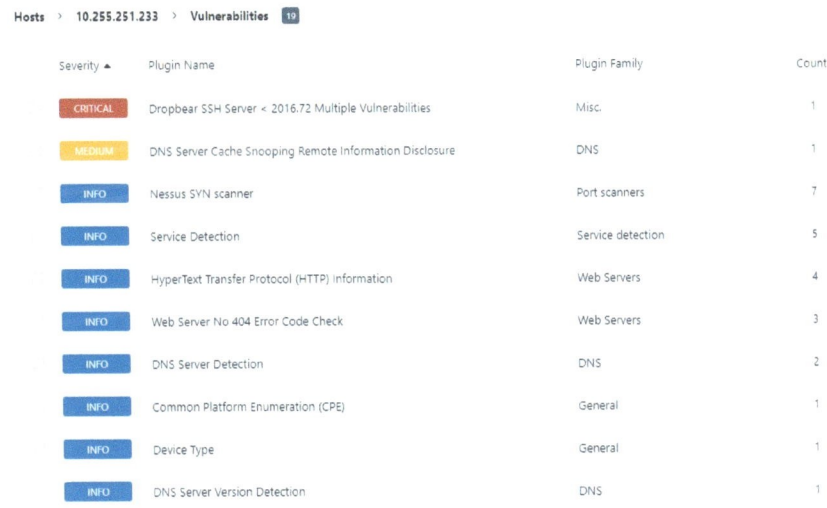

También muestra información del equipo escaneado, en este caso el equipo es un Linux con Kernel 2.6.

Host Details

IP:	10.255.251.233
DNS:	logout.lan
MAC:	ac:86:74:74:b4:b2
OS:	Linux Kernel 2.6
Start:	Today at 10:33 PM
End:	Today at 10:54 PM
Elapsed:	20 minutes
KB:	Download

Al seleccionar la vulnerabilidad que queremos consultar sobre el equipo, nos mostrara más detalles sobre la debilidad que tiene el sistema escaneado.

Hosts > 10.255.251.233 > Vulnerabilities [19]

CRITICAL Dropbear SSH Server < 2016.72 Multiple Vulnerabilities

Description

According to its self-reported version in its banner, Dropbear SSH running on the remote host is prior to 2016.74. It is, therefore, affected by the following vulnerabilities :

- A format string flaw exists due to improper handling of string format specifiers (e.g., %s and %x) in usernames and host arguments. An unauthenticated, remote attacker can exploit this to execute arbitrary code with root privileges. (CVE-2016-7406)

- A flaw exists in dropbearconvert due to improper handling of specially crafted OpenSSH key files. An unauthenticated, remote attacker can exploit this to execute arbitrary code. (CVE-2016-7407)

- A flaw exists in dbclient when handling the -m or -c arguments in scripts. An unauthenticated, remote attacker can exploit this, via a specially crafted script, to execute arbitrary code. (CVE-2016-7408)

- A flaw exists in dbclient or dropbear server if they are compiled with the DEBUG_TRACE option and then run using the -v switch. A local attacker can exploit this to disclose process memory. (CVE-2016-7409)

Solution

Upgrade to Dropbear SSH version 2016.74 or later.

Detalles del plugin que detecto la vulnerabilidad.

Plugin Details

Severity:	Critical
ID:	93650
Version:	$Revision: 1.3 $
Type:	remote
Family:	Misc.
Published:	2016/09/22
Modified:	2016/12/06

Información de la vulnerabilidad por como esta clasificada, que puntuación tiene y su explotabilidad.

Risk Information

Risk Factor: Critical
CVSS v3.0 Base Score: 10.0
CVSS v3.0 Vector:
CVSS:3.0/AV:N/AC:L/PR:N/UI:N/S:C/C:H/I:H/A:H
CVSS v3.0 Temporal Vector:
CVSS:3.0/E:U/RL:O/RC:C
CVSS v3.0 Temporal Score: 8.7
CVSS Base Score: 10.0
CVSS Vector: CVSS2#AV:N/AC:L/Au:N/C:C/I:C/A:C
CVSS Temporal Vector: CVSS2#E:U/RL:OF/RC:C
CVSS Temporal Score: 7.4

Vulnerability Information

CPE: cpe:/a:matt_johnston:dropbear_ssh_server
Exploit Available: false
Exploit Ease: No known exploits are available
Patch Pub Date: 2016/07/21
Vulnerability Pub Date: 2016/07/21

Información de referencia con las cuales la vulnerabilidad esta catalogada.

Reference Information

CVE: CVE-2016-7406, CVE-2016-7407, CVE-2016-7408, CVE-2016-7409
OSVDB: 142291, 142292, 142293, 142294
BID: 92970, 92972, 92973, 92974

Detalles de lo que detecto y la solución para la vulnerabilidad detectada en el equipo.

Analicemos el resultado con más detalle.

- La versión de software Dropbear que se encuentra en el equipo corresponde a la 2014.65.
- Menciona tambien que la versión que lo soluciona es la 2016.74.
- Tambien muestra que se detecto a través del puerto 22 TCP con el servicio SSH corriendo sobre el sistema.

```
Output

    Version source      : SSH-2.0-dropbear_2014.65
    Installed version   : 2014.65
    Fixed version       : 2016.74
```

Port ▼	Hosts
22 / tcp / ssh	10.255.251.233

Escaneo avanzado

Para el escaneo avanzado personalizaremos plugins para que el resultado sea más veloz.

Colocaremos la información de nuestro objetivo.

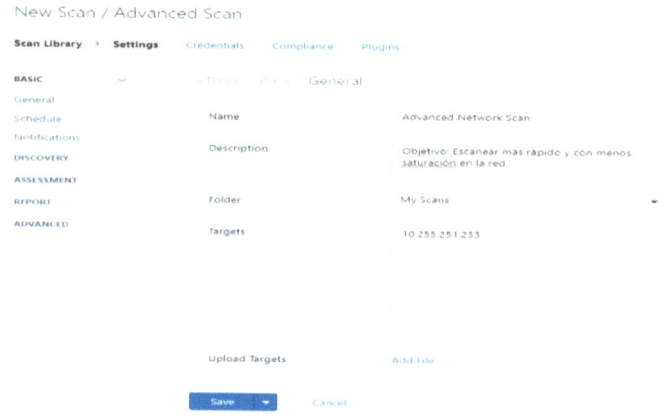

En la pestaña de plugins des habilitaremos todos y seleccionaremos solo los que correspondan a Linux. En la fase de descubrimiento y recopilación de información, previamente pudimos detectar que es un sistema linux.

Debido a que existe una gran variedad de S.O. y dispositivos linux, usaremos el plugin "General", ya que si corresponde a alguno de los que tenga cotejados nos lo enseñará.

Y habilitaremos el plugin.

Plugin habilitado.

Tambien habilitaremos otros plugins extras como MISC. (Configuraciones de segurida que no se encontraron) y DNS (vulnerabilidad previamente descubierta con el escaneo básico).

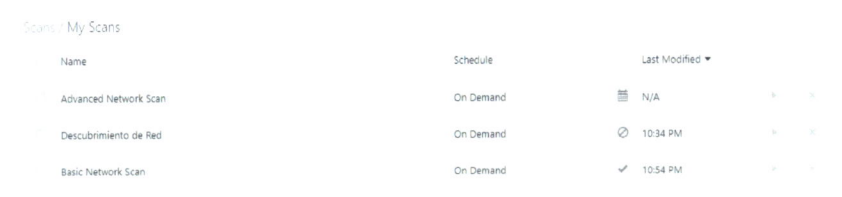

Una vez guardanlo procederemos a lanzarlo.

Al finalizar el escaneo el resultado es el mismo y en menos tiempo.

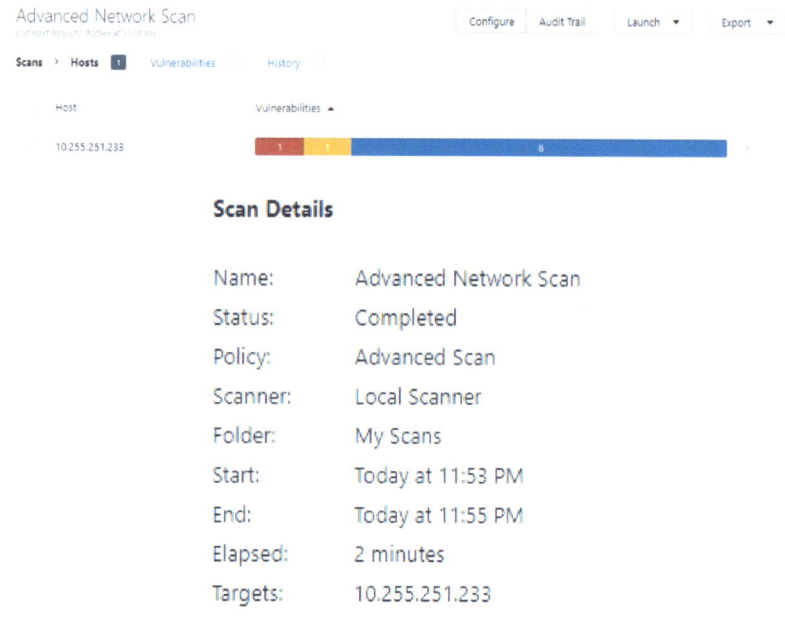

Encontro menos vulnerabilidades informativas, debido a los plugins que estaban configurados previamente, sin embargo, las vulnerabilidades criticas, medianas y bajas son las que hay que tomar en cuenta.

Exportar informe de vulnerabilidades

Podemos exportar los resultados en los siguientes formatos:

Nessus: Exporta el resultado en un archivo ***.nessus**, es utilizado para poder integrarlo en otra plataforma como Nessus enterprise o Faraday.

HTML: Exporta el resultado en formato ***.html** , es un informe ejecutivo y listo para presentar.

CSV: Exporta el archivo en formato ***.cvs**, permite integrarlo y manipularlo con excel u otras herramientas que permitan cargar archivos CVS.

Nessus DB: Exporta el resultado cifrandolo en formato ***.db**, es utilizado para desplazar el archivo manteniendo la confidencialidad del escaneo. Al importarlo es necesario la contraseña con la que fue cifrado.

De esta manera ya queda el reporte y el informe listo para ser entregado.

www.ingramcontent.com/pod-product-compliance
Lightning Source LLC
Chambersburg PA
CBHW041111180526
45172CB00001B/198